# DE LA
# SUBSTITUTION

DES

## MESURES EN POIDS

### AUX MESURES EN VOLUMES

#### DANS LE COMMERCE DES ALCOOLS

PAR

ADRIEN BERNARD

Ancien élève de l'École de Cluny, Professeur de Physique et de Chimie
au Collège de Cognac

Ouvrage destiné aux Négociants, aux Propriétaires
et aux Écoles professionnelles des deux Charentes.

## COGNAC

CHEZ M<sup>me</sup> QUIOT, LIBRAIRES

—

1872

# DE LA

## SUBSTITUTION DES MESURES EN POIDS

### AUX MESURES EN VOLUMES

Angoulême. — Imprimerie Charentaise de A. NADAUD et C⁰,
rempart Desaix, 26.

# DE LA

# SUBSTITUTION

DES

## MESURES EN POIDS

### AUX MESURES EN VOLUMES

#### DANS LE COMMERCE DES ALCOOLS

PAR

ÁDRIEN BERNARD

Ancien élève de l'École de Cluny, Professeur de Physique et de Chimie
au Collège de Cognac

Ouvrage destiné aux Négociants, aux Propriétaires
et aux Écoles professionnelles des deux Charentes.

## COGNAC

CHEZ M$^{lles}$ QUIOT, LIBRAIRES

—

1872

# DILECTISSIMIS PARENTIBUS

## ET AMICIS

# DICATUM

Cognac, 23 février 1872.

A. BERNARD.

DE

# LA SUBSTITUTION

### DES

## MESURES EN POIDS

### AUX MESURES EN VOLUMES

#### DANS LE COMMERCE DES ALCOOLS

Je me propose de démontrer que l'emploi des pesées dans le commerce des alcools peut être substitué avec avantage aux mesurages en volumes au moyen des veltes, décalitres, etc.

Mais avant d'exposer cette méthode et ses avantages, il me semble utile de donner quelques notions sur les *aréomètres* en général et sur les *alcoomètres* en particulier.

### Des aréomètres.

Les *aréomètres* sont des flotteurs lestés, destinés à remplacer les balances dans la mesure des poids ou des volumes.

Ils sont de deux sortes :

1° Les *aréomètres à volume constant,* par conséquent à poids variable ;

2° Les *aréomètres à poids constant,* par conséquent à volume variable.

Parmi les aréomètres à volume constant nous trouvons :

1° *L'aréomètre de Nicholson,* servant à déterminer la densité des corps solides ;

2° *L'aréomètre de Fahrenheit,* servant à déterminer la densité des liquides.

Nous ne nous occuperons spécialement que de la deuxième catégorie, c'est-à-dire des aréomètres à poids constant et à volume variable.

### Des aréomètres à poids constant.

Ils ne servent que pour les liquides.

C'est dans cette catégorie que nous trouverons cette multitude innombrable de flotteurs, multipliés à profusion et sans raison dans l'industrie, sous les noms de : *pèse-sels, pèse-liqueurs, pèse-éthers, pèse-pétroles, pèse-acides, pèse-alcalis, pèse-urines, pèse-nitrates, pèse-alcools, pèse-lessives, gluco-œnomètres* ou *pèse-moût, galactomètres* ou *pèse-lait, Sike's hydrometer, densimètres, volumètres, Cartier, Baumé, Gay-Lussac, Borie, Tessa,* etc.

*Nécessité d'une réforme et d'une législation.*

Les lois qui rendent obligatoire en France le système décimal ont, à coup sûr, oublié ces instruments si nombreux et si divers.

De plus, la vérification des poids et mesures ne s'appliquant pas à ces instruments, il n'est pas étonnant de les rencontrer en si grand nombre, avec des graduations et des noms si arbitraires.

Si nos législateurs se recrutaient un peu plus parmi les hommes de science et un peu moins parmi les avocats ou les journalistes, il y aurait longtemps déjà que, par une loi, on aurait mis ordre à une pareille confusion ; car il en est des aréomètres comme des mesures d'autrefois : il y en a autant aujourd'hui que de pays différents.

Cela est si vrai que plusieurs commissions et chambres de commerce ont fait de louables efforts pour que les aréomètres fussent légalisés et vérifiés. Mais jusqu'à présent il a été impossible d'obtenir une décision.

Pour ne citer que la France et ne parler que des alcoomètres, on emploie dans le Midi celui de Borie ; à l'Ouest, dans les Charentes, celui de Tessa ; dans l'Est et à l'Entrepôt des boissons, à Paris, celui de Cartier ; dans la régie, celui de Gay-Lussac, et un peu partout, celui de Baumé. Supposez donc autant d'instruments différents dans chaque nation et pour chaque liquide !

De là viennent toutes les difficultés qui se produisent

entre les commerçants de pays différents, et qu'il serait pourtant si facile de faire cesser avec une législation ordonnant l'uniformité et la vérification.

De là viennent aussi les fraudes de construction et que l'État a le devoir de réprimer. Tout ce qui est instrument de MESURE doit être étalonné et vérifié, l'aréomètre, comme le mètre lui-même.

Mais comment arriver à une réforme ?

Il ne faut point parler, en ces sortes de choses, de l'intérêt, de la raison, ni de la liberté du peuple. Le peuple, et surtout le peuple des commerçants, admettra, malgré la routine la plus invétérée, toutes les unités de mesures possibles, pourvu qu'elles soient simples, et pourvu surtout qu'on les lui impose.

Je crois, pour mon compte, que les aréomètres sont indispensables à l'industrie. Il y a donc urgence d'en réglementer l'emploi, si l'on veut que la fraude et l'ignorance disparaissent d'un même coup.

*Avantages des aréomètres.*

On s'expliquera l'usage si répandu de ces instruments, par leur simplicité et la promptitude de leurs indications.

Ils n'exigent point, en effet, les accessoires que nécessite une balance, et permettent en même temps d'opérer plus rapidement.

Avec eux, on n'a point à tâtonner sur l'emploi de tel ou tel poids, ni à attendre à chaque fois que les oscillations d'un fléau soient arrêtées ; on n'a point non plus à tenir compte du poids du vase qui contient le liquide, opération nécessaire avec une balance et des poids.

Un tube qu'on jette sur le liquide donne, IMMÉDIATE- MENT et PAR UNE SIMPLE LECTURE, toutes les indications qu'une balance ne donnerait qu'avec beaucoup plus de temps et d'accessoires.

Notons cependant qu'il ne faut point leur demander (pour des raisons que nous n'énumérerons pas) la même exactitude qu'aux balances ; mais la précision dont ils sont capables est, dans tous les cas, plus que suffisante pour l'industrie.

### Principe des aréomètres.

Tous les aréomètres reposent sur le principe sui- vant : *le poids d'un corps flottant est égal à celui du liquide qu'il déplace.*

Donc, avec les aréomètres à poids constant, le poids du liquide déplacé sera aussi constant ; et, par suite, le volume de ce liquide déplacé sera PLUS OU MOINS grand selon que sa densité sera MOINS ou PLUS grande, d'après cet autre principe de physique : LES VOLUMES *sont en raison inverse des densités.*

En effet, soit D la densité d'un liquide, V le volume de ce liquide déplacé par un flotteur à poids constant, on aura :

Le poids P du flotteur $=$ celui du liquide déplacé :

$$P = V D. \qquad (1)$$

Soit $D'$ la densité d'un second liquide, $V'$ le volume déplacé par le même flotteur :

Le poids $P$ du flotteur = celui du liquide déplacé :

$$P = V' D'. \qquad (2)$$

D'où

$$V D = V' D' = V'' D'' \ldots = P. \qquad (3)$$

Mettant en proportion ces facteurs formant produits égaux,

$$\frac{V}{V'} = \frac{D'}{D}; \qquad (4)$$

c'est-à-dire que les volumes sont en raison inverse des densités.

Ainsi, le poids de l'aréomètre étant constant, on peut se proposer de déterminer :

Ou bien, 1° *le poids de l'unité de volume du liquide ;*

Ou bien, 2° *le volume occupé par l'unité de poids.*

Le poids de l'unité de volume d'un corps, c'est ce qu'on appelle son *poids spécifique,* que l'on confond en physique avec la *densité ;* les instruments qui le donnent s'appellent *densimètres.*

Le volume occupé par l'unité de poids, c'est le *volume spécifique,* et il est donné par les *volumètres.*

Exemples :

I. Je prends de l'huile ; un *densimètre* y marque 0,865 ; cela veut dire que le poids de l'unité de volume de cette huile est 865 millièmes.

C'est-à-dire que 1 litre pèse............ 0$^{kg}$,865
            1 centimètre cube...... 0$^{gr}$,865
            1 mètre cube......... 865$^{kg}$

et ainsi de suite. 0,865 est donc bien le poids de l'unité de volume.

II. Dans cette même huile, je plonge un *volumètre*; j'y lis le chiffre 1,156; cela signifie que l'unité de poids occupe un volume représenté par 1,156.

C'est-à-dire que 1 kilogramme occupe.. 1$^{litre}$ 156
          1 gramme........... 1$^{cmc}$ 156
      1,000 kilogrammes....... 1$^{mc}$ 156

et ainsi de suite. 1,156 est donc bien le volume occupé par l'unité de poids.

Une relation très simple unit ces deux nombres : 0,865 et 1,156, c'est-à-dire le poids spécifique et le volume spécifique.

En effet, 0$^{kg}$,865 de cette huile occupent 1 litre,

$$1 \text{ kilogramme occupe } \frac{1 \text{ litre}}{0,865},$$

ou, en effectuant la division, 1 litre 156.

Et, en général, D étant la densité marquée par le densimètre et N le nombre correspondant marqué par un volumètre dans le même liquide, on aura :

$$N = \frac{1}{D},$$
$$\text{ou } D = \frac{1}{N},$$
$$\text{ou enfin } 1 = N\,D.$$

La première de ces expressions signifie que pour obtenir la densité d'un liquide, il faut diviser 1 par le nombre qu'indique le volumètre ;

La seconde, que pour obtenir le volume spécifique, il faut diviser 1 par le nombre qu'indique le densimètre ;

Et la troisième, que les nombres donnés par le densimètre et le volumètre sont *inversement proportionnels*.

En résumé, soit un liquide quelconque, alcool, huile, éther, solution saline, etc., vous ne pourrez prendre pour unité que deux choses : les POIDS ou les VOLUMES ; mais l'un et l'autre sont donnés par les densimètres et les volumètres. Hors de là, c'est l'arbitraire, c'est la confusion, et je n'y veux rien voir.

A une densité déterminée correspond une richesse déterminée, quand la température est constante.

De sorte que si l'on a affaire à des dissolutions salines, par exemple, on peut, au moyen d'une table dressée à l'avance, dire la quantité pour 100 de sel renfermée dans un volume ou dans un poids quelconque de ce liquide, connaissant soit le poids spécifique, soit le volume spécifique de la dissolution.

Donc, d'une façon générale, les *poids spécifiques* ou bien les *volumes spécifiques* sont suffisants pour déterminer la richesse d'un liquide ne contenant pas de matières étrangères.

Donc enfin, les aréomètres de Baumé, Cartier, les pèse-éthers, les pèse-alcalis et toute la kyrielle si diverse et si nombreuse de *pèse*-CECI ou CELA sont parfaitement inutiles, puisqu'ils peuvent être remplacés par les volumètres ou les densimètres, qui seuls ont une raison d'être *scientifique*.

Si je faisais un cours complet sur les aréomètres, je démontrerais mathématiquement que tous ces flotteurs à divisions d'égale longueur ne sont autre chose que des volumètres ou des densimètres.

Francœur a, en effet, établi les formules permettant de passer de leurs indications aux poids ou aux volumes spécifiques.

Que l'on emploie des instruments de sensibilité différente, suivant les usages auxquels on les destine, c'est fort bien ; mais à quoi bon employer tant et de si arbitraires graduations ?

Que pour telle ou telle industrie, pour les lessivages, par exemple, on n'étende la graduation que dans les limites reconnues par l'expérience, c'est encore à merveille ; mais, de grâce, n'employons pas dans chaque pays autant de mesures que de corps à mesurer.

Cependant, quand il y a action chimique entre les corps composant la dissolution ; quand, en un mot, la densité ne varie pas en proportion directe ou inverse de la richesse, les densimètres et les volumètres, quoique pouvant parfaitement servir, ne présentent plus la même simplicité dans la pratique, puisque l'on est obligé d'avoir recours à une table de correspondance entre la densité ou le volume spécifiques et la richesse.

Tel est le cas des dissolutions alcooliques.

Gay-Lussac, le premier, construisit un aréomètre spécial pour l'alcool (d'où le nom d'*alcoomètre*) donnant directement, en centièmes, les richesses alcooliques en volume, à la température de 15° du thermomètre centigrade (1).

Je n'ai point à dire comment et avec quelles précautions se fait la graduation précise de l'alcoomètre centésimal, pas plus que je n'ai voulu établir la manière de construire tous les autres ; qu'il me suffise de prouver, pour arriver à mon sujet, que quand il est très sensible et consciencieusement gradué, il a une raison d'être scientifique et peut, avec une table de correspondance, remplacer le densimètre ou le volumètre.

J'admets l'alcoomètre centésimal, parce qu'il est rationnel comme les volumètres et les densimètres eux-mêmes, et parce qu'il est plus commode dans le commerce des alcools ;

Mais je repousse tous ces instruments fantaisistes, tous construits en dehors du système métrique, n'ayant souvent pas même de points fixes (tels que le Tessa), et construits, du reste, la plupart du temps, avec une négligence sans pareille.

---

(1) Ce que j'ai dit des inconvénients de la multiplicité des aréomètres, je pourrais le répéter à propos des thermomètres. Heureusement que des trois graduations autrefois en usage, Réaumur, Fahrenheit et Centigrade, il ne reste plus guère aujourd'hui que la graduation centigrade, qui tend à devenir universelle.

La graduation de Fahrenheit s'emploie surtout en Angleterre ; celle de Réaumur n'est plus guère employée que dans le Tessa, qui un jour, je l'espère, tombera bien rapidement.

Ces notions établies, voici comment j'entends que doit se faire le mesurage des alcools :

Il doit se faire en POIDS et non en VOLUMES. — En voici les raisons :



—

**I° Les mesures en poids comportent plus d'exactitude
que les mesures en volumes.**

Voilà une raison théorique qui pour moi est capitale
(car je considère les choses au point de vue purement
scientifique), mais qui, au premier abord du moins,
n'intéressera que médiocrement le commerçant.

Cependant je vais tâcher de prouver qu'elle a bien
son importance.

*De l'approximation dans les mesures de longueur.*

Si quelqu'un venait vous dire : « La distance du
portail de l'église Saint-Jacques à la loge du portier
du cimetière de Cognac est de 1,422 mètres 36 centimètres, » vous ne pourriez vous empêcher de croire
que les 36 centimètres sont ici des chiffres purement
illusoires, et vous auriez parfaitement raison. C'est
tout ce que l'on peut faire, dans la pratique, que de
répondre du quatrième chiffre quand on mesure directement les longueurs. Il pourrait donc y avoir 1,422
mètres aussi bien que 1,423 mètres.

D'ailleurs les vérificateurs du cadastre tolèrent aux
géomètres une erreur de 1 mètre par 1,000, c'est-à-
dire que la longueur RÉELLE, CALCULÉE TRIGONOMÉTRI-
QUEMENT, peut être 999 mètres ou 1,001 mètres, quand

la longueur mesurée est 1,000 mètres, sans que cette différence soit considérée comme constituant une erreur. Vous voyez que, dans ce cas, même le quatrième chiffre n'est exact qu'à une unité près en plus ou en moins : on ne peut en répondre : il n'est qu'approché.

Avec un mètre en ivoire gradué en demi-millimètres, vous ne pouvez davantage apprécier le quatrième chiffre. Si je dis, par exemple : Une barre a pour longueur 542$^{mm}$,3, il est certain que le chiffre des dixièmes ne sera, à toute rigueur, exact qu'à une unité près.

Et ainsi de suite.

Je multiplierais inutilement les exemples pour arriver, en résumé, à cette conclusion :

*Dans les mesures de longueur, le quatrième chiffre n'est qu'approché ; le cinquième et le sixième sont pure fantaisie.*

*De l'approximation dans les mesures en volumes.*

Ici on ne peut, le plus souvent, répondre même du troisième chiffre.

Mesurez 350 à 400 litres avec des décalitres ou des litres, et vous ne pourrez affirmer que vous n'avez pas commis une erreur de 1 à 2 litres en plus ou en moins.

Mesurons, par exemple, avec un litre ayant 1 décimètre carré de section ; si le liquide est trop haut ou trop bas de 1 millimètre, cela fait 10,000 millimètres cubes, ou 10 centimètres cubes, ou 1 centilitre d'erreur par litre.

Cette même erreur répétée cent fois, deux cents fois, mille fois, donne 1 litre, 2 litres,... 10 litres d'erreur totale possible en plus ou en moins.

Si l'on essaie de cuber un volume par les méthodes ordinaires, la moindre erreur dans une des mesures de longueur est de suite élevée au cube. D'ailleurs on n'a pas qu'une seule mesure à prendre : il faut mesurer suivant trois dimensions ; et l'on sait qu'en général autant il y a de lectures, autant il y a de causes d'erreurs.

Ajoutez à cela que jamais vous n'avez affaire à des solides réguliers, et vous serez convaincus que les mesures en volumes, de quelque façon qu'on les effectue, sauf par les pesées, sont les plus inexactes de toutes, car on ne peut, la plupart du temps, répondre du *troisième* chiffre.

*De l'approximation dans les mesures en poids.*

Les mesures en poids sont celles qui sont susceptibles de la plus grande précision. En effet, il n'est pas rare de voir sortir de chez M. Deleuil, de Paris, des balances pesant deux à trois kilogrammes et accusant le milligramme sous cette charge ; de sorte qu'un poids peut être exprimé par le nombre suivant : 2,374$^{gr}$,852, sans qu'aucun des chiffres soit faux ; c'est-à-dire qu'on peut répondre ici du *septième* chiffre.

Il faudrait avoir une balance bien mauvaise pour ne

pas répondre du quatrième ou du cinquième chiffre. La plus mauvaise balance Roberval du commerce accuse le gramme sous la charge de 5 à 10 kilogrammes ; de même, une bascule accuserait l'hectogramme sous la charge de 1,000 kilogrammes ; c'est-à-dire que l'on peut toujours répondre au moins du quatrième chiffre, même avec une balance très imparfaite.

En résumé, les mesures en poids sont les plus justes que puissent effectuer nos sens imparfaits ; elles sont plus justes que les mesures en longueur, qui elles-mêmes le sont plus que les mesures en volumes.

N'est-il pas raisonnable de rejeter les mesures en volumes, alors qu'on peut employer les mesures en poids ?

Dans les marchés du Nord-Est, on voit généralement aujourd'hui les mesures en poids en usage dans le commerce des bois et des combustibles en général, des grains, des pommes de terre et d'un grand nombre de corps pour lesquels on employait précédemment les mesures en volumes.

Pour les liquides, la substitution des poids aux volumes semble d'abord moins facile ; mais nous aurons bientôt prouvé qu'elle est tout aussi facile dans la pratique, en même temps qu'elle est plus expéditive.

Pour les gaz, on ne voit guère, au premier abord, de possibles que les mesures en volume, et c'est ainsi que les premiers chimistes ou physiciens, Lavoisier, Berzélius, Dalton, ont déterminé par les VOLUMES la composition de l'air, de l'eau, de l'acide carbonique, la densité des gaz, la densité des vapeurs, etc.

Puis M. Dumas a repris une à une toutes ces déterminations, en remplaçant les mesures en volumes par les mesures en poids. Ouvrez le traité le plus élémentaire de physique ou de chimie, et vous y constaterez que les méthodes de cet illustre savant sont les seules adoptées aujourd'hui dans les sciences. Il suffit d'ajouter qu'elles ont été exécutées par M. Dumas en vue d'expériences fondamentales de la chimie et à l'occasion de son grand travail sur la détermination des équivalents des corps simples rapportés à celui de l'hydrogène.

Sans aller chercher jusque dans les méthodes scientifiques de laboratoire, constatons que les négociants de nouveautés eux-mêmes achètent aujourd'hui au poids les étoffes et les tissus de telle ou telle qualité. Je n'oserais pas dire qu'une telle substitution s'est faite par amour de la science chez ces commerçants ; c'est qu'en effet il y a pour eux plus d'une raison à l'abandon du métrage : il y a, comme nous le prouverons bientôt, économie de temps et impossibilité à la fraude.

### *Influence de la température sur le volume des liquides.*

Il est une erreur que l'on ne peut éviter par les dépotages en volumes. On ne peut pas même en tenir compte, à cause de la multiplicité des calculs auxquels on serait conduit.

Je veux parler de l'influence de la température sur le volume de l'alcool.

La chaleur dilate tous les corps, les liquides plus que les solides, et les gaz plus que les liquides en général.

Un alcoomètre en verre ou en métal éprouve par la chaleur une dilatation infiniment moindre que celle du liquide sur lequel il flotte, et parfaitement négligeable.

Aussi ne nous occuperons-nous que de l'effet de la chaleur sur le liquide.

Elle nécessite deux corrections ·

1° Une correction de richesse alcoolique ;

2° Une correction de volume.

### 1° *Correction de la richesse alcoolique.*

L'alcoomètre centésimal de Gay-Lussac est ou doit être gradué pour la température de 15° du thermomètre centigrade.

Si donc il flotte sur un alcool dont la température égale 23°, par exemple, il s'enfonce plus profondément qu'il ne le ferait sur le même liquide à la température de 15°, car la densité diminue à mesure que le volume augmente.

Il indique alors une force alcoolique plus grande que la force réelle.

L'inverse a lieu pour une température inférieure à 15° centigrades.

Une première correction est nécessaire. On y arrive, soit au moyen d'une table où toutes les forces réelles sont calculées à l'avance, soit au moyen d'une formule empirique.

Nous indiquerons dans un instant la manière dont s'effectue cette correction.

Bien ou mal faites, ces corrections s'exécutent toujours dans la pratique; nous n'avons donc pas à les introduire ni à les recommander; nous n'aurons qu'à indiquer la manière de les faire le plus exactement et le plus promptement possible.

Mais une correction moins importante, il est vrai, que l'on ne fait jamais, et à laquelle même on ne songe pas, c'est la suivante :

### 2° *Correction des volumes.*

Supposons faite la correction de la richesse alcoolique, il reste à connaître la quantité de litres achetée ou vendue.

Qu'il fasse froid ou chaud, la *richesse réelle* est la même, le POIDS du liquide est le même, les poids relatifs d'eau et d'alcool qui le composent sont les mêmes; mais le volume ne reste pas le même.

L'alcool d'une barrique se dilate ou se contracte par l'effet de la température, aussi bien que l'alcool du thermomètre de nos appartements.

Ce serait une grave erreur de croire que la correction des richesses alcooliques implique celle des volumes.

Nous avons donc à examiner quelle est au juste la

variation de volume résultant de la variation de température.

D'après M. Isidore Pierre, le coefficient moyen de dilatation de l'alcool ordinaire, entre 0° et 100°, est de 0,001195.

D'un autre côté, d'après un principe élémentaire de physique, le volume d'un corps à une température quelconque $t'$ est égal au volume à $t°$ du même corps, multiplié par le rapport direct des *binômes de dilatation :*

$$V_{t'} = V_t \ \frac{1 + K \ t'}{1 + K \ t}.$$

C'est-à-dire, par exemple, que le volume d'un alcool à 25° est égal au volume à 15° du même alcool multiplié par le rapport

$$\frac{1 + (0,001195 \times 25)}{1 + (0,001195 \times 15)},$$

ou, approximativement,

$$V_{t'} = V_t \ [1 + K \ (t' - t)],$$

et en remplaçant ces signes par leurs valeurs :

Le volume à 25° = le volume à 15° multiplié par 1 + 0,001195 × 25 — 15.

D'après cela, 1000 litres d'alcool à 15° deviennent environ     1012 litres à 25°,

et     988 litres à 5°.

Ainsi, en résumé, 24 litres de différence, selon que l'on achètera en hiver ou en été une même quantité d'alcool, dix hectolitres.

« Mais, dira-t-on, les décalitres en cuivre et les dépotoirs se dilatent aussi par l'action de la chaleur et se contractent par l'action du froid.

« Donc, en hiver, s'ils ont un volume moindre, ils tendent à accuser plus de litres d'alcool qu'il n'y en a réellement, et en été ils tendent à en accuser moins. »

Cela est vrai ; mais le cuivre ne se dilate pas autant que l'alcool et il n'y a pas compensation.

D'après Lavoisier et Laplace, le coefficient de dilatation linéaire du cuivre = 0,000017173.

D'après Smeaton, il est de 0,000017.

D'après Dulong, il est de $\dfrac{1}{583000}$ = 0,0000172.

D'après Isidore Pierre, il est de 0,000017182.

Le coefficient de dilatation cubique étant le triple du coefficient de dilatation linéaire, nous pourrons admettre que ce coefficient cubique est égal à

$$0,000017 \times 3 = 0,000051,$$

c'est-à-dire, en répétant les mêmes calculs que précédemment, qu'un dépotoir de 1000 litres devient 1000 litres plus 5 décilitres en été à 25°, et 1000 litres moins 5 décilitres en hiver à 5°.

Donc, en achetant en hiver et en vendant en été, le négociant ne perd, par le seul fait de la dilatation du cuivre, que 5 décilitres en achetant et 5 décilitres en vendant. Total, 10 décilitres de perte, ou 1 litre.

Mais nous avons démontré que la dilatation de l'alcool est, dans les mêmes circonstances de température et de volume, d'environ 24 litres.

Donc la dilatation *apparente* de l'alcool, qui est égale à la dilatation absolue de ce liquide, moins la dilatation absolue du cuivre, sera, en résumé, 23 litres; c'est-à-dire que le négociant, pour une variation thermométrique de 20° entre de l'alcool acheté en hiver et vendu en été, bénéficie de 23 par 1000.

Sur une livraison de 100 hectolitres, il peut y avoir immédiatement ainsi à son bénéfice 2ʰˡ,30, qui, à 1 fr. le litre, représentent 230 fr.

Il est impossible de contester ce calcul; il est impossible aussi de nier qu'une correction est nécessaire, et que, dans la pratique, elle serait assez ennuyeuse.

Le meilleur moyen de faire une correction, c'est de ne point avoir à en faire.

Avec les poids, on l'évite complétement, car le poids est invariable, quelle que soit la température. Un kilogramme d'eau chaude pèse autant qu'un kilogramme d'eau froide, tout comme la livre de plume pèse autant qu'une livre de plomb.

En résumé, il y a plus d'exactitude en mesurant par les poids :

1° *Parce qu'on peut répondre du quatrième chiffre dans une pesée;*

2° *Parce que le chaud et le froid sont sans influence sur le poids du liquide.*

**II. Il faut moins de temps pour mesurer les poids que pour mesurer les volumes.**

Supposons qu'on ait à dépoter un tierçon de 500 litres. Il faut :

1° Vider le tierçon dans un baquet ;

2° Mesurer, décalitre par décalitre, la quantité d'alcool, et la vider une seconde fois dans un second récipient.

Ces opérations nécessitent au moins une demi-heure.

Et pendant une demi-heure on peut facilement oublier, surtout si l'on compte seul, le numéro d'ordre du décalitre versé.

On entend quelquefois une question telle que celleci : « Avons-nous dit 28 ou 29 ? » Il est vrai d'ajouter que ce cas est assez rare, s'il n'est pas impossible ; mais enfin il est possible ; et comment recommencer le dépotage quand une fois on a hésité ?

Supposez, au contraire, une balance-bascule analogue à celle que vous voyez dans les gares, à la salle d'enregistrement des bagages ; une plate-forme semblable à celle des bascules d'octroi reçoit les tierçons ; un poids fixe glisse le long d'un levier. Il n'y a point de tâtonnement dans le choix des poids ; on fait simplement une lecture qui donne, à un hectogramme près, le poids de la barrique pleine. On verse le tierçon dans son récipient DÉFINITIF, en recueillant un échantillon de l'alcool dans une éprouvette à pied ; on mesure le degré alcoolique et la température (nous dirons dans un instant *comment, avec quelle précision et avec quels instruments*) ; on pèse la barrique vide ; on retranche ce dernier poids de celui de la barrique pleine ; on divise la différence par la densité correspondante à la force réelle, densité donnée par une table qui se trouve plus loin, et l'on a exactement la contenance.

Il faut bien moins de temps pour faire ces opérations qu'il ne m'en a fallu pour les décrire.

Il y a, en résumé, à faire :

2 lectures (l'une au thermomètre, l'autre à l'alcoomètre) ;

2 autres lectures (l'une à la table des corrections, l'autre à celle des densités) ;

2 opérations d'arithmétique (une soustraction et une division).

Mais le dépotage, de quelque façon qu'il s'effectue, exige au moins 3 lectures (thermomètre, alcoomètre et table de correction) sur 4 que je viens d'énumérer. Les 2 opérations d'arithmétique indiquées sont moins longues et moins pénibles que le mesurage d'une cinquantaine de décalitres.

Est-il quelqu'un qui oserait soutenir que ces lectures et ces opérations nécessitent autant de temps que les dépotages ordinaires ?

D'après cela, 10 tierçons, qui exigent au moins cinq heures par l'ancien procédé, ne demandent plus, pour être mesurés, qu'une demi-heure à trois quarts d'heure au plus.

Et même on peut avoir une balance-bascule un peu forte et peser 2 tierçons à la fois.

En vingt minutes on ferait alors autant d'ouvrage qu'actuellement en cinq heures ;

Ou bien, en un jour seulement on ferait autant d'ouvrage qu'en quinze jours.

### III. L'évaporation et les pertes, quelles qu'elles soient, sont nulles.

Vous videz de l'eau-de-vie dans un baquet bien sec : une notable quantité de liquide est absorbée par les DOUVES qui S'ABREUVENT.

D'un autre côté, le décalitre de cuivre retient par adhérence, au dedans et au dehors, une certaine quantité de liquide qui n'entre jamais en compte.

Pesez un ballon sec d'un demi-litre en verre, plongez-le dans l'alcool, puis versez cet alcool et pesez de nouveau le ballon ; il retient 2 grammes 05 d'alcool. Un vase en cuivre, beaucoup moins poli que le verre et vingt fois plus grand, retiendra évidemment beaucoup plus de liquide.

Toutes ces pertes, plus celles provenant de l'évaporation, favorisée par un double transvasement, sont sans profit pour le vendeur comme pour l'acheteur.

Eh bien ! pour le bénéfice de l'un et de l'autre, je les élimine complétement par le mesurage en poids.

———

### IV. La fraude est impossible.

N'a-t-on pas vu des dépoteurs payés par l'acheteur ou le vendeur pour faire forte ou faible mesure, et cela sans qu'on pût s'en apercevoir ?

Je puis affirmer que l'on vient faire aux chaudronniers des commandes en ces termes : « Vous me ferez un décalitre un peu fort. » Ou bien on vient en commander un en ayant soin d'ajouter : « Qu'il soit juste. »

On m'a encore cité l'exemple de gens mesurant avec un décalitre à fond mince et flexible. Mesurez en tous sens ce décalitre vide, il a exactement les dimensions voulues ; est-il plein, qu'aussitôt le fond s'affaisse et donne place à quelques centilitres de plus.

Les vérificateurs, qui n'ont pas toujours précisément des yeux de lynx, sont, en règle générale, trompés par qui veut les tromper, à moins qu'il n'y ait plainte.

Du reste, il y a déjà eu des condamnations pour emploi de fausses mesures.

Si nous examinons les aréomètres en usage, nous reconnaissons que le champ est encore laissé plus large à la fraude. Ces instruments, qui consistent ordinairement en un Tessa et le thermomètre qu'il renferme, échappent complétement à la vérification.

Je vais plus loin : quiconque veut considérer scientifiquement et impartialement la question des aréomètres en général, est obligé de reconnaître que l'emploi du Tessa n'a plus d'autre raison d'être aujourd'hui que de favoriser la fraude.

Voyez, en effet, le Tessa d'il y a une vingtaine d'années. Le 4ᵉ degré y correspond à 59° centésimaux. Depuis, on a vu successivement :

|   |   |   |   |
|---|---|---|---|
| 4 degrés Tessa | égaler | 60° | centésim. |
| 4 | id. | 61° | id. |
| 4 | id. | 62° | id. |
| 4 | id. | 63° | id. |

et aujourd'hui 4° T. font souvent près de 64° centésim. C'est-à-dire qu'il y a une différence de près de 5 0/0 entre certains Tessa d'aujourd'hui et celui d'il y a vingt ans.

Cela n'est pas étonnant, si l'on songe que cet instrument n'a pas de point fixe. Il ne repose sur rien, n'est comparable à rien. Les instruments qui ont pour points fixes l'eau et les dissolutions salines ne présentent point, malgré leurs nombreuses imperfections, un défaut aussi grave. Ils peuvent être facilement vérifiés, et le Tessa ne peut l'être en aucune façon.

Une autre critique à lui adresser, c'est la suivante : dans cet alcoomètre, comme dans tous les premiers aréomètres de Beaumé, on a compté le tempéré à 12°,5 Réaumur. Puis, pour le même alcoomètre, on a admis ensuite le tempéré à 10°. Ce qui fait une différence de près de 3/8 de degré Tessa.

Les constructeurs de Tessa, comme les chaudronniers

eux-mêmes pour les décalitres, en ont fait et en font encore sur commande qui sont entièrement différents. Pour une même personne, il peut donc y avoir deux aréomètres, l'un pour vendre, l'autre pour acheter.

La dupe en tout ceci, c'est celui qui n'a pas la moindre instruction et à qui l'on peut tout faire accepter.

Il suffit d'un écart très petit à l'alcoomètre et d'un autre dans le même sens au thermomètre qui l'accompagne pour qu'en somme l'erreur soit appréciable.

J'affirme avoir vu dans un Tessa un thermomètre faux de 3° Réaumur.

Il existe des condamnations pour emploi de mesures fausses ; c'est là un fait incontestable. Cherchons donc par tous les moyens possibles à prévenir le retour de pareils abus.

Il n'y a plus de commerce honnête possible si les unités risquent chaque jour d'être altérées. C'est déjà assez qu'à un certain moment on ait accusé le commerce de mélanger aux cognacs les alcools industriels, sans qu'aujourd'hui il puisse s'exposer à se retrouver sous le coup d'autres imputations aussi graves.

Ce ne sont pas les anciennes et honorables maisons de Cognac qui ont recours à de pareilles mesquineries. Si elles trompent du côté des mesures, c'est à leur insu et pour les conditions de température ou autres, non prévues dans le commerce.

Je ne veux adopter, dans tout ce qui suivra, que des mesures étalonnées et exactes dans la mesure du possible.

Enfin, dans le dépotage par poids, l'acheteur et le vendeur peuvent simultanément faire les lectures et les calculs nécessaires, tandis qu'ils ne sauraient mesurer au décalitre tous deux à la fois.

**V. La propreté n'a qu'à gagner à ce mode opératoire.**


Le liquide n'éprouve, en effet, le contact ni du décalitre, ni du baquet, qui peuvent être plus ou moins bien essuyés, pas plus qu'il ne sert à laver les mains du dépoteur.

Il ne reçoit pas surtout le contact du cuivre, qui donne un si mauvais goût à l'alcool. Ce goût, dit-on, disparaît avec le temps, surtout au contact du bois de chêne, avec le tannin duquel le cuivre se combine pour former un tannate insoluble de cuivre.

En résumé, j'ai cité de nombreux avantages, n'ayant assurément pas tous la même importance ; je me demande si l'on me citera un seul inconvénient.

Ce système s'applique aux expéditions comme aux achats, aux dépotages comme aux empotages, avec les mêmes avantages d'exactitude, de rapidité, etc.

Le propriétaire et le négociant opèrent ensemble et sans intermédiaire, et il n'y a pas plus de contestation que de fraude possible.

Le propriétaire-bouilleur devrait avoir ce système à sa disposition ; il n'aurait qu'à peser ses barriques et ses tierçons avant de les remplir ; puis, après les avoir remplis, il se rendrait alors par lui-même et à l'avance un compte exact de la quantité qu'il va livrer.

Il pourrait toujours et rapidement savoir ce que perd son eau-de-vie, par l'évaporation ou autrement, dans un mois, dans un an.

Du reste, tant que ses fûts ne recevraient pas de réparations, il connaîtrait une fois pour toutes le poids de chacun d'eux.

Avec un peu de peinture à l'huile, il n'y aurait rien de plus facile, rien de plus commode que d'écrire sur chaque fût :

Tare = 40, 45, 50, etc., kilogrammes,

exactement comme cela se pratique pour chaque wagon de marchandise dans les compagnies de chemins de fer.

Dans les inventaires surtout, il y aurait, par ce moyen, une économie considérable de temps.

Objections :

I. On me dira peut-être :

« Mais à quoi bon cette innovation, nous avons des dépotoirs mécaniques ! »

Je répondrai :

Tous les négociants n'ont pas des dépotoirs, et ceux qui voudraient en établir ne le feront pas s'ils savent apprécier les raisons que j'ai données, et surtout s'ils remarquent que les dépotoirs sont d'un prix relativement élevé et d'une installation presque aussi dispendieuse à elle seule que l'achat que je propose :

1° D'une bascule ; 2° d'un alcoomètre ; 3° d'un thermomètre ; 4° du modeste opuscule explicatif que je me suis proposé de publier à ce sujet.

Je démontrerai plus loin qu'il suffit de 400 fr., tandis qu'il en faudrait plus de 600 pour établir un dépotoir.

Quel est le propriétaire ou négociant qui reculera devant 400 fr., si je parviens à le persuader des avantages de la méthode par les pesées ?

Ceux qui possèdent des dépotoirs ne les briseront certainement pas pour adopter une idée qui, pour moi, est une idée, et qui, pour eux, ne sera peut-être pas grand'chose ; et ils auront mille fois raison de garder ce qui est fait.

J'avoue que les dépotoirs actuels sont un progrès considérable sur l'ancien mode de dépotage. Je reconnais qu'ils vont plus vite, sont plus propres, plus exacts, et ne permettent ni oubli, ni fraude, ni évaporation, quand ils sont bien établis.

Mais je dois ajouter :

1° Que s'ils sont plus expéditifs que l'ancien mesurage, ils le sont cependant moins que celui que je propose, puisque avec eux l'on transvase l'alcool : 1° dans le dépotoir ; 2° dans les tonneaux collecteurs, où souvent on est obligé de l'élever au moyen de pompes, tandis que par la méthode en poids on élève toute la barrique du même coup, au moyen d'une grue ou autrement, et on la vide directement et sans intermédiaire dans le tonneau collecteur ;

2° Que la propreté dans les dépotoirs ne peut aller jusqu'à empêcher le contact du cuivre ou de l'étain et de l'alcool (l'étain ordinaire donne son goût à l'alcool, comme le ferait le cuivre lui-même) ;

3° Que l'exactitude est moindre que dans la méthode en poids, car le dépotoir ayant seulement $0^m,60$ de diamètre a une surface d'environ $27^{dmq}$. Si bien jaugé qu'ait été le dépotoir, il est impossible que deux personnes (à cause du ménisque résultant de la capillarité dans le tube indicateur de niveau) fassent la lecture identiquement de la même façon.

Elles peuvent bien se tromper de 1/2 millimètre en plus ou en moins, ce qui pourrait faire une différence de 2 décilitres 7 sur une petite mesure comme sur une grande.

Enfin, les corrections résultant de la dilatation du dépotoir lui-même et de l'alcool ne sont ni éludées, ni effectuées.

Je dois ajouter, pour être juste, que les erreurs ne se multiplient pas avec un bon dépotoir ; car l'erreur absolue n'est pas plus grande pour 10 hectolitres que pour un seul.

Je reconnais véritablement qu'au cas où ils seraient parfaitement établis, la fraude, l'évaporation et les autres pertes sont devenues impossibles.

Je le répète : leur introduction a été un progrès considérable sur l'ancien système ; mais je ne suis pas loin de penser que le système des pesées les fera bien vite abandonner chez ceux qui, n'en ayant pas, auraient le projet d'en établir.

II. Une autre objection serait celle-ci :

*Le paysan est ignorant,* ROUTINIER, *et ne voudra pas se soumettre à cette mesure, ayant peur qu'on ne le trompe et ayant toujours fait autrement.*

J'avoue que cette objection me dérouterait un peu plus que la précédente. Toutefois, j'ajouterai que si l'on parvient à lui démontrer qu'il y va réellement aussi de son intérêt, puisque la livraison est faite exactement et en moins de temps, il se sera bientôt dépouillé de cette ignorance et de cette routine. Ce n'est pas de sa part qu'on doit attendre des réformes ; c'est nous qui devons les accomplir.

Avec l'ignorance et la routine il y a double besogne : d'abord les détruire, et ensuite les remplacer par la raison.

Mais il faut vaincre à tout prix la routine surtout. Un moyen d'y arriver, ce serait, à mon sens, de n'aller que progressivement, sans changement brusque dans la manière d'opérer.

Que l'on fasse d'abord le mesurage comme je viens de

l'indiquer, cela ne fera pas perdre grand temps ; puis, comme vérification, que l'on fasse, pour la forme, un dépotage ordinaire, le tout en sa présence, et au bout de cinq ou six expériences il sera convaincu et propagera lui-même cette méthode, dont il est du reste facile de se rendre compte.

### Des instruments, de leurs prix, de la manière de s'en servir.

1º *Balance*. — J'ai déjà dit que l'on ne devait employer qu'une balance-bascule à poids fixe, glissant le long d'un levier. Il faut, en effet, supprimer les tâtonnements que nécessite l'emploi des poids gradués et n'avoir à faire qu'une simple lecture. On sait d'ailleurs que les bascules à levier sont très exactes, puisque le levier est gradué d'après la méthode dite, en physique, des *doubles pesées*.

Avec 200 à 230 fr. on peut avoir une balance suffisamment puissante et sensible en même temps pour opérer avec la précision que j'ai indiquée.

(Le prix précédent est même un peu supérieur à celui de tous les catalogues de bascules que j'ai consultés.)

On pourrait, du reste, avoir des bascules fixes ou des bascules montées sur roulettes, selon la disposition des magasins.

2º *Alcoomètre*. — Il est nécessaire d'avoir un alcoomètre de précision ; celui de Gay-Lussac, construit par Alvergniat, de Paris, est celui qui me paraît le plus convenable, en attendant que j'en fasse exécuter un moi-même, qui ait moins de fragilité et autant de sensibilité.

Celui que nous possédons au cabinet de physique du collége est en verre. Il est divisé en 3 alcoomètres.

Le 1er, pour les *faibles*, allant de 0° à 35°;

Le 2e, pour les *eaux-de-vie*, allant de 35° à 65°;

Le 3e, pour les *esprits*, allant de 65° à 100°.

Il a une longueur de $0^m,32$ et permet facilement d'apprécier le 1/5 et au besoin le 1/10 de degré centésimal.

Or, comme entre 50 et 60° centésimaux, 2 degrés de Tessa en valent environ 7 centésimaux, il s'ensuit que

$$1 \text{ centésimal} = \frac{2}{7} \text{ Tessa,}$$

$$\frac{1}{10} \text{ centésimal} = \frac{2}{70} = \frac{1}{35} \text{ de degré Tessa.}$$

A-t-on dans le commerce un seul Tessa donnant 1/35 de degré ?

L'alcoomètre complet n'a point la tige grossière des Tessa; les divisions y sont d'un bout à l'autre faites à la main et non sur des bandes de papier imprimées à l'avance, car l'instrument est gradué directement.

Et cependant avec l'écrin recouvert de peau de chagrin et garni intérieurement en velours, les 3 alcoomètres, plus un bon thermomètre, peuvent ne coûter que de 20 à 25 fr.

Il faut aussi une éprouvette à pied (ce qu'ici on appelle le tube) ayant une profondeur de $0^n,32$ à $0^m,33$ ; c'est une affaire de 1 fr.

L'alcoomètre devrait toujours être en métal, cuivre doré ou argenté, ou en toute autre composition inoxydable.

Ce n'est pas que les alcoomètres en verre ne puissent être parfaitement justes ; mais il est assez difficile, à moins que l'État ne prenne le monopole de leur fabrication, d'en garantir la justesse par une marque.

D'un autre côté, et c'est là leur plus grand inconvénient, ils sont très fragiles, et ils le sont d'autant plus qu'on veut leur donner plus de sensibilité ; car alors la tige doit être très fine, le renflement inférieur assez volumineux et le leste pesant en proportion ; de sorte que si on ne les saisit pas par leur renflement, on risque fort de les casser.

Les aréomètres métalliques ne présentent aucun de ces deux inconvénients : ils n'ont pas la moindre fragilité, et le poinçon du gouvernement s'y appliquerait comme sur toute autre mesure métallique ; de plus, on peut toujours répondre de la régularité de la tige, ce qui n'a pas lieu pour les tubes en verre, qui nécessitent un *calibrage* quand on veut les graduer consciencieusement.

Il ne devrait jamais, sous peine d'amende, être fait usage dans le commerce d'instruments non poinçonnés.

L'hydromètre anglais de Sike présente bien les conditions de garantie, de sensibilité et de solidité ; mais on est obligé de tâtonner pour les poids à ajouter; on est obligé de se laver involontairement les doigts dans l'alcool chaque fois qu'on veut faire l'essai des poids convenables ; enfin, il est compliqué dans son emploi, ne repose point sur le système décimal, et a pour deuxième point fixe l'alcool à 57°,2 centésimaux, ce qui n'est pas aussi rationnel que de prendre pour limite extrême l'alcool absolu, $C^4 H^3 O^2$.

Je me charge de faire exécuter, par les premiers constructeurs d'instruments de précision, à Paris, des alcoomètres d'une justesse, d'une sensibilité et d'une solidité parfaites.

Le 10ᵉ de degré centésimal y serait parfaitement appréciable. Userait qui voudrait de cette précision et de cette sensibilité remarquables, mais il n'y aurait pas moyen de se tromper de 1° centésimal avec de tels instruments. Je ne sais encore le prix que l'on me demandera ; il dépendra sans doute de l'importance de la commande.

Si vingt négociants seulement en faisaient l'essai, les autres les imiteraient forcément ensuite.

3° *Thermomètre*. — Le thermomètre doit être à mercure, très sensible, gradué sur tige et marquer de — 10 à + 100⁰ centigrades. Il peut alors coûter de 5 à 6 fr. Du reste, un tel thermomètre serait toujours très facilement vérifiable ; plongé dans la glace fondante, il devrait marquer 0⁰, et 100⁰ dans la vapeur d'eau bouillante. Dans le dernier des hameaux, cette vérification est possible.

Le thermomètre ne devrait pas être incrusté dans l'alcoomètre ; car, règle générale, si l'on cherche à avoir deux instruments en un seul, il est bien rare que si l'un est juste, l'autre le soit également. D'ailleurs, si l'un est faux, tous deux sont perdus.

*De la manière de se servir des alcoomètres
et thermomètres.*

Pour effectuer les lectures avec l'un ou l'autre de ces instruments, il faut bien se rappeler que le *rayon visuel doit toujours être perpendiculaire à l'instrument.*

Avec l'alcoomètre en particulier, il faut que l'œil *soit situé dans un plan tangent au ménisque,* parce que c'est ainsi qu'actuellement sont gradués tous les instruments au contact desquels doit s'exercer la capillarité. Il ne faut pas croire que ce ne soient là que de vaines précautions : M. Mohr, dans son traité d'analyse par les liqueurs titrées, n'a pas craint de consacrer un certain nombre de pages à la manière d'éviter les erreurs provenant de la capillarité. D'ailleurs cela ne coûte pas plus de bien lire que de lire mal.

Autre précaution : il faut toujours tenir l'instrument bien propre, l'essuyer avec du papier buvard, parce que s'il y avait la moindre matière grasse, provenant des doigts, adhérente au tube, celui-ci ne serait pas mouillé par le liquide, et l'action de la capillarité s'exercerait en sens contraire en donnant lieu à une erreur.

---

## DES TABLES.

---

TABLES DE CORRECTION DES RICHESSES ALCOOLIQUES.

La richesse alcoolique indiquée par un alcoomètre, ou force APPARENTE, doit être corrigée, avons-nous dit, quand la température n'est pas 15°.

On fait cette correction :

1° Au moyen d'une table où tous les résultats sont calculés ;

2° Au moyen d'une formule empirique.

### 1° *Table* A *de correction.*

Elle porte dans une colonne verticale les indications du thermomètre centigrade, et dans la colonne horizontale celles de l'alcoomètre centésimal.

A la rencontre des deux colonnes, en partant des indications thermométrique et alcoométrique, se trouve le nombre qui exprime la force réelle de l'alcool.

Cette table est d'un emploi très simple; elle est peut-être un peu longue, mais elle est bien loin de l'être autant que celle qui accompagne le Sike's hydrometer. Elle est, en outre, d'une précision suffisante; puisqu'elle donne le 10ᵉ de degré centésimal.

*Exemple.* L'alcoomètre indique 61°,2 et le thermomètre 20°. Je prends les nombres 20 et 61 et je trouve en équerre 59°,2; j'ajoute les 0,2 négligés, ce qui me donne 59°,4 pour la force réelle.

Dans le commerce on se sert d'une table analogue; mais au lieu de trouver tout écrit le nombre cherché, on trouve un nombre à retrancher de la force apparente ou à y ajouter, selon que la température est supérieure ou inférieure à 15°.

Si je n'adopte pas cette table, ce n'est pas parce qu'elle nécessite une addition ou une soustraction dont on peut se dispenser, c'est parce que les quantités à ajouter ou à retrancher sont exprimées en nombres ronds, ce qui rend cette table tout à fait insuffisante pour les alcoomètres de précision et les méthodes que je recommande.

### 2° *Table* B *de correction par une formule empirique.*

La formule $F = A + b (15° - t)$ peut servir également à trouver la force réelle de l'alcool.

$F =$ force réelle cherchée.

$A =$ force apparente ou indication de l'alcoomètre.

$b =$ un coefficient que l'on trouve dans la table B, en face de la force apparente.

$t =$ la température indiquée par un thermomètre centigrade.

Le produit $b (15° - t)$ est *positif* ou *négatif*, selon que $t$ est plus petit ou plus grand que 15°.

Il doit toujours être pris avec son signe algébrique ; c'est-à-dire qu'il faut toujours l'ajouter à A, si $t$ peut être retranché de 15, ou bien l'en retrancher, si $t$ est plus grand que 15, et, dans ce cas, on retranche 15 de $t$.

Exemples :

I. L'alcoomètre marque 62°,3 à la température de 12°.

En face 62 je trouve 0,35, qui, multiplié par (15—12) ou 3, me donne 1,05.

62,3 + 1,05 = 63,35, la force réelle cherchée

II. L'alcoomètre marque 64°,6 et le thermomètre 19°.

En face 64 je trouve 0,34, que je multiplie par (19 — 15) = 4, ce qui me donne 1,36.

64°,6 — 1°,36 = 63°,24, force réelle cherchée.

L'avantage de la formule ci-dessus, c'est qu'avec un peu d'habitude on peut se passer de la table B, qui du reste est très petite.

On n'a qu'à se rappeler de mémoire les valeurs de $b$ pour les principaux degrés commerciaux, ce qui est très facile, puisqu'elles varient seulement entre 0,37 et 0,33 pour les degrés alcooliques compris entre 50 et 68° centésimaux.

C'est au moyen de cette formule que j'ai calculé la table précédente.

### Table C des densités correspondantes à un degré quelconque de Gay-Lussac.

Cette table est d'une importance capitale : elle est la base de la méthode que je propose ; du soin avec laquelle elle aura été dressée dépend l'exactitude du résultat.

L'alcoomètre de Gay-Lussac n'étant ni un *densimètre,* ni un *volumètre,* les densités ne varient pas en raison directe ou inverse de ses indications.

Il ne faut donc point songer à trouver une formule mathématique simple donnant la densité en fonction du degré et réciproquement.

Les recherches de Gay-Lussac sur la densité et la dilatation des spiritueux n'ont malheureusement jamais été publiées.

Mais, par bonheur, une table de concordance entre son alcoomètre et l'aréomètre Cartier, dont on faisait alors usage, a été faite par Gay-Lussac et insérée dans son *Instruction,* publiée en 1824.

Or, l'aréomètre Cartier est gradué en parties d'égale longueur (et par conséquent d'égale capacité, le tube étant supposé parfaitement cylindrique).

J'ai dit ailleurs que tous les instruments ainsi gradués ne sont autre chose que des volumètres.

Enfin, nous connaissons la relation $1 = ND$ entre les densités et les indications du volumètre.

Il m'a semblé qu'on pouvait dès lors chercher MATHÉMATIQUEMENT la formule qui, pour l'aréomètre Cartier, relie la densité au degré.

Certains ouvrages donnent bien pour cela des formules plus ou moins approchées, mais qu'il est nécessaire de vérifier.

Je vais tâcher de faire comprendre la marche que j'ai suivie pour obtenir la densité correspondante à chaque degré Cartier; et, par suite, la densité correspondante au degré centésimal répondant à ces degrés Cartier.

Cette marche est très simple et à la portée de tous ceux qui ont fait un peu de mathématiques.

Que si l'on n'est point familiarisé avec les calculs, on veuille bien laisser de côté ce passage et se contenter des résultats.

Voici les données du problème :

I. Le poids spécifique de l'alcool absolu à la température de 15° centigrades est de 0,7947; celui de l'eau à la même température étant 1,0000. (*Arago*, Rapport du 3 juin 1822 à l'Académie des sciences.) Ce nombre est d'ailleurs accepté par tous les physiciens.

II. Nous avons la table de correspondance dressée par Gay-Lussac lui-même entre le Cartier et son Centésimal.

Dans l'eau pure à 15° centig. Cartier marque     10°,03
       Id.         id.     Gay-Lussac id.      0°
Dans l'alcool absolu $C^4$ $H^6$ $O^2$ à 15° centig.
    Cartier marque......................... 44°,19
    Gay-Lussac marque.................... 100°,00

Exprimons algébriquement que le poids du liquide déplacé est égal au poids de l'aréomètre, qui est un aréomètre à poids constant.

Et pour cela appelons :

$p$ le poids de l'aréomètre Cartier $=$ le poids du liquide déplacé dans tous les cas ;

$v$ le volume d'une quelconque des divisions Cartier ;

N le chiffre au-dessous de 0 qu'il faudrait placer au bas du lest, si le tube était cylindrique dans toute sa longueur, et la division en parties égales, prolongée aussi dans toute la longueur de ce tube ;

$d$ la densité du liquide sur lequel on opère ;

$n$ le nombre des degrés marqués par l'instrument. (Voir planche III.)

Quand l'instrument marque $n$ degrés, le volume immergé de l'instrument ou, ce qui est la même chose, le volume de liquide déplacé est $(N + n)\, v$ ;

Le poids de ce volume de liquide est $(N + n)\, vd$ ;

Le poids $p$ du flotteur $=$ celui du liquide déplacé.

Donc

$$(N + n)\, vd = p.$$

Appliquons cette formule

au cas de l'alcool absolu :

$$(N + 44,19)\, v \times 0,7947 = p ;$$

au cas de l'eau :

$$(N + 10,03)\, v \times 1 = p.$$

Égalant et divisant par $v$ :

$$(N + 44,19) \times 0,7947 = N + 10,03,$$
$$N (1 - 0,7947) = 44,19 \times 0,7947 - 10,03,$$
$$N \times 0,2053 = 25,0878,$$
$$N = \frac{25,0878}{0,2053} = 122,2.$$

Donc, si les divisions étaient poussées jusqu'en bas du lest, il y aurait 122,2 divisions au-dessous de 0.

D'après cela, soit un liquide quelconque de densité $d$, dans lequel l'aréomètre s'enfonce jusqu'à un chiffre marqué $n$ :

Le volume d'un poids $p$ de ce liquide est $(122,2 + n)v$,
Et la densité est $d$.

Soit de l'eau : l'aréomètre s'enfonce jusqu'à 10,03 :

Le volume d'un poids $p$ d'eau déplacée est $(122,2 + 10,03) v$,

Et la densité est 1.

Mais nous avons démontré que les *volumes sont en raison inverse des densités*, $\dfrac{V}{V'} = \dfrac{D'}{D}$.

Donc

$$\frac{(122,2 + 10,03) v}{(122,2 + n ) v} = \frac{d}{1},$$

d'où

$$d = \frac{132,23}{122 + n}.$$

Telle est la formule générale permettant de calculer la densité d'un liquide marquant $n$ degrés à l'aréomètre Cartier.

Il suffit maintenant de remplacer $n$ par tous les degrés Cartier correspondants aux degrés succéssifs de l'alcoomètre centésimal, et l'on obtiendra la table cherchée de concordance entre les degrés centésimaux et les densités.

J'ai consigné dans le tableau C les résultats de ce calcul.

Les nombres que je donne sont ceux qu'eût donnés forcément Gay-Lussac lui-même ; car ils ne sont *que l'expression* mathématique de ce qu'il nous a laissé sous une autre forme.

Dans une quatrième colonne se trouvent les différences entre les densités successives. On remarquera combien ces différences croissent régulièrement en général, ce qui est une preuve de l'exactitude avec laquelle Gay-Lussac a dressé la table formant les deux premières colonnes.

Ces différences s'emploieront, dans la pratique, exactement comme les différences tabulaires des logarithmes ; c'est-à-dire que pour 1 degré compris entre 2 degrés de la table on fera un partage proportionnel.

Je suppose que l'on ait à trouver la densité correspondante à 63°,7.

On cherchera dans cette table, et

    vis-à-vis 63 on trouvera le nombre 0,9072,

    vis-à-vis 64     id.     id.     0,9049.

Entre ces deux nombres, différence 23 dix-millièmes.

On dira :

pour  1° de diff. il y a une diff. de 23 dans les densités,

pour  $\frac{1}{10}$          2,3 ,

pour  $\frac{7}{10}$          $2,3 \times 7 = 16,1$ dix-millièmes,

que l'on retranchera du nombre 0,9072, ce qui donne 0,9056 pour la densité correspondante à 63°,7.

*Exemple.* Soit maintenant, comme application de ce que nous venons d'établir, à mesurer la quantité d'alcool contenue dans un tierçon.

Poids du tierçon plein   538$^{\text{kg}}$,4
          Id.          vide   53$^{\text{kg}}$,2
          Poids de l'alcool $= \overline{485^{\text{kg}},2}$
Indication de l'alcoomètre   61°,3
          Id.    du thermomètre   24°

La force réelle F à 15° est égale à $61°,3 - 0,35 \times 9 = 61°,3 - 3,15 = 58°,15.$

Densité correspondante à 58°          0,9185
          Id.      id.      à 59°          0,9164
          Différence, 21.
          Pour 1°  différence 21,
          Pour 0,15   id.    $21 \times 0,15 = 3,15.$

Densité correspondante à $58°,15 = 0,9185 - 3 = 0,9182.$

D'après la formule générale $P = V D,$

c'est-à-dire le poids est égal au volume multiplié par la

densité, on tire $V = \dfrac{P}{D}$ ; divisons donc le poids 485$^{\text{kg}}$,2 par la densité 0,9182, nous trouverons au quotient

528$^{\text{lit}}$,4, contenance réelle du fût.

Il faut assurément moins de temps pour faire ce petit calcul qu'il n'en faudrait pour plonger 53 fois le décalitre dans le baquet, le remplir et le vider.

C'est là un avantage qui, ajouté à ceux que j'ai énumérés, a bien son importance.

### De l'erreur maxima dans le système des pesées.

Considérons les erreurs possibles sur 10 hectolitres.

1° *La pesée peut n'être approchée qu'à 1 hectogramme.*

2° *La lecture du thermomètre* (s'il est bien construit) *se fait d'ailleurs exactement.* Donc pas d'erreur. La vérification du thermomètre est chose facile.

3° *La lecture de l'alcoomètre est exacte à 0,1 de degré centésimal en plus ou en moins.*

Reprenons : 1° La pesée. 1 hectogramme d'alcool à 60°, c'est-à-dire dont la densité est 0,9141, occupe un volume de $\dfrac{0,1}{0,9141} = 0^{lit},109$ en plus ou en moins.

3° Erreur due à la lecture de l'alcoomètre. Soit une eau-de-vie pour laquelle, correction faite de température, on trouve un titre réel de 61°,5, avec une erreur de 1 dixième.

Le poids de l'eau-de-vie du tierçon est 474$^{kg}$,5; par exemple :

Densité correspondante à 61°,5　　0,9107

Id.　　id.　　à 61°,4　　0,91092

$$\text{Volume} = \frac{474,5}{0,9107} = 521,027$$
$$\text{Volume} = \frac{474,5}{0,91092} = 520,901$$

Différence, $0^{lit},126$

Cette différence ajoutée à la précédente donne une erreur totale de $0^{lit},235$ sur 1 tierçon. La différence maxima serait le double environ pour 2 ou 3 tierçons.

Doublons, si l'on veut, cette erreur ; elle ne sera encore que de 4 décilitres 1/2 sur un tierçon, erreur qui, ajoutée à celle $0^{lit},109$ due à la pesée, donne 1 litre environ pour l'erreur maxima qu'il est possible de commettre en opérant sur 10 hectolitres.

De l'erreur possible dans le système de dépotage au
décalitre, avec les instruments actuels et dans certaines conditions de température. (L'erreur due au thermomètre est supposée nulle.)

J'achète de l'eau-de-vie de même âge, de même qualité et au même prix que dans l'exemple précédent.

Voyons quelle peut être l'erreur totale, en suppo-
sant les erreurs partielles faites dans le même sens.

1° J'achète en hiver, quand la température est 5° centigrades. J'ai prouvé ailleurs que j'ai à payer $11^{lit},6$
de moins par 1,000 que si la livraison était faite à 15°.

2° Si j'achète à 4° Tessa quand l'eau-de-vie marque 63°
au Centésimal, je gagne 40 litres par 1,000, car les Tessa
d'il y a quinze à vingt ans ont tous le 4e degré correspondant à 59° centésimaux.

3° L'évaporation due au double dépotage, l'absorp-
tion par les douves des baquets, les pertes par transport
du baquet au tonneau, le décalitre faux quelquefois de
1 décilitre, la manière dont le dépoteur tient le décalitre peuvent bien faire une erreur totale de 20 litres
par 1,000 au minimum.

Là-dessus, l'erreur due à l'évaporation, à l'absorp-
tion, au transport, etc., n'est au profit de personne.

4° Si l'on revend en été, alors que le thermomètre
marque 25°, on a 11 litres de plus par 1,000 que si l'on
avait vendu à 15°.

Additionnons toutes ces erreurs, et nous trouvons une erreur totale de 83$^{lit}$,2 par 1,000.

Sur cette erreur, le négociant ne bénéficie, en général, que de celle de 40 par 1,000 due au Tessa ; mais il peut parfaitement perdre ou gagner les 43 autres litres, suivant que les erreurs sont faites dans le même sens, en sa faveur ou en sa défaveur.

L'erreur de 23$^{lit}$,2 due à la température, suivant qu'on achète à 5° en hiver ou à 25° en été, a bien son importance.

Il peut bien arriver que, sans s'en douter, on les perde ou on les gagne.

En résumé, ce système permet une erreur 83 fois plus forte que le système précédent.

### Note sur le Tessa et ses relations avec l'alcoomètre centésimal.

Je n'ai pas besoin de revenir sur son inutilité, ni sur l'inutilité de tous les aréomètres en général divisés en partie d'égale longueur. J'ai prouvé que, dans tous les cas, les *volumètres* ou les *densimètres,* au choix, sont suffisants.

Je veux démontrer simplement que c'est un instrument essentiellement variable et mal construit, parce qu'il n'a pas de points fixes donnés par l'immuable nature des choses, parce qu'il ne repose pas sur des données certaines, mathématiques.

Il n'est employé que dans les Charentes ; il est quelquefois accompagné de la graduation centésimale, et d'autrefois, pour obtenir cette dernière, on a recours à des tables de concordance.

Je vais démontrer avec quelle inexactitude elles sont construites. Pour cela, je prendrai la table de concordance du *Baréme* de Bourquin, reproduite dans le *Manuel du négociant en spiritueux,* de M. Ratier, et je prouverai par cette table elle-même qu'il n'y a qu'une concordance grossièrement approximative.

I. *Graphiquement.* — (a) Un premier moyen de s'en

convaincre, c'est de prendre du papier exactement quadrillé, comme M. Salleron, constructeur de Paris, et
moi nous l'avons fait en juin 1871.

Les divisions horizontales représentent les degrés
centésimaux et leurs divisions en dixièmes ; les divisions verticales, les degrés Tessa divisés en huitièmes.
On marque un point à la rencontre des lignes horizontale et verticale partant des degrés correspondants ; on
relie tous ces points par une ligne continue, et l'on
remarque que la ligne obtenue forme, non pas une
courbe régulière, mais des portions de polygone se rapprochant de la courbe réelle, sans se confondre avec
elle.

(*b*) Un procédé graphique parlant plus aux yeux que
le précédent, c'est de faire la courbe représentative des
différences entre chaque huitième de degré Tessa, exprimées en centièmes de degré centésimal. (Voir pl. I
la singulière ligne qu'on obtient.)

Ce n'est pas une courbe, c'est une succession de lignes
brisées. Est-il possible d'admettre les écarts correspondants aux lettres E, F, G ? A-t-on jamais vu en physique
un seul exemple mettant en défaut ce principe que
Linnée exprimait comme un axiome de la nature : *Non
facit natura saltus ?*

II. *Mathématiquement.* — En reprenant les mêmes
notations déjà adoptées pour trouver la formule donnant la densité en fonction du degré Cartier, je suis
arrivé, en prenant quelques nombres dans les tables du
*Manuel du négociant en spiritueux,* à trouver que
$n$ varie pour le Tessa entre 123,7 et 119,3.

Par conséquent, les valeurs de $d$ peuvent varier entre les formules suivantes :

$$d = \frac{116,55}{123,7 + n} \quad \text{et} \quad d = \frac{112,40}{119,3 + n}$$

Je ne donne pas de table rationnelle de concordance entre le Tessa et les densités, ou entre le Tessa et le Centésimal, et cela pour deux raisons : la première, c'est que je crois ces tables parfaitement inutiles ; la deuxième, c'est que mes loisirs ne sont pas assez grands pour me permettre de redresser les tables actuelles.

Ceux qui savent ce que l'on doit s'imposer de travail, d'abnégation et de courage dans l'Université, apprécieront combien de temps il m'a fallu prendre sur mes nuits, pendant un mois, pour calculer seulement les tableaux précédents.

### De l'exactitude des tables de Gay-Lussac.

Si nous voulons vérifier par le même système de courbes les nombres donnés par Gay-Lussac, nous obtenons la courbe A, B, C, D, présentée par la planche II.

Cette courbe n'est sans doute pas régulière ; on y voit les oscillations dues aux erreurs d'observation du premier expérimentateur lui-même.

Mais ces erreurs ne varient que dans la limite des erreurs ordinaires inhérentes à l'expérimentation.

Qu'elles sont bien loin de donner une ligne aussi bizarre, aussi capricieuse que celle que nous avons obtenue en cherchant la même relation entre Tessa et Gay-Lussac, et entre des limites moins étendues (de 46° à 94° centésimaux) !

En se laissant guider par le sentiment général de la courbe, un artiste peut tracer une ligne plus régulière, qui est *mathématiquement* la relation cherchée.

Ce n'est pas autrement qu'ont agi Despretz dans la recherche du *maximum de densité de l'eau*, Regnault dans la recherche de la *relation entre les températures et les tensions de la vapeur d'eau*, et un grand nombre d'autres physiciens.

La courbe ponctuée qui suit la précédente, aussi fidèlement que possible, est donc la vraie loi de concordance donnant les degrés centésimaux en centièmes de degré Cartier.

Faisons les mêmes représentations graphiques pour les densités calculées ; nous obtenons, comme nous devions nous y attendre, une courbe $A'$, $B'$, $C'$, $D'$, entièrement semblable à A, B, C ; nous la modifierons un peu en adoptant la ligne ponctuée qui l'accompagne. Cette dernière est précisément celle qu'on obtiendrait en substituant à $n$ dans la formule

$$d = \frac{132,23}{122 + n}$$

toutes les valeurs de $n$ redressées par la méthode précédente.

Je donne au tableau D, que je conseille de préférer, les densités ainsi modifiées.

On remarquera qu'elles ne le sont que très légèrement ; le chiffre des dix-millièmes seul est quelquefois modifié d'une unité en plus ou en moins.

C'est là une pure satisfaction mathématique sans importance pratique, car les résultats déduits de la table dressée expérimentalement par Gay-Lussac sont bien plus que suffisants dans la pratique.

### Extension de la méthode des pesées.

Si je ne craignais de trop m'aventurer, je dirais que le commerce des alcools pourrait se faire par les *poids seulement* et en tenant compte du degré ; mais ce serait là une innovation qui dépasserait le domaine d'un négociant seul ; il faut pour que dans le commerce on puisse dire : « Je vous achète ou je vous vends 100 kilog. d'alcool à 60°, » il faut, dis-je, qu'il y ait usage longuement établi et consentement unanime de la part de tous les commerçants.

Je reconnais que cette innovation est actuellement impossible et le sera probablement longtemps encore, à cause des vieilles habitudes.

Mais ce serait aussi facile de dire : les 100 kilogrammes de cognac à 60° de 1871 et des Bois valent 92 fr. 90, que de dire : les 100 litres, même degré, même âge, même provenance, valent 85 fr., car c'est la même idée, c'est la même valeur exprimée sous une autre forme.

Peu importe d'ailleurs que l'on prenne pour unité un *volume* ou un *poids,* pourvu que l'on évalue exactement.

Le seul avantage que présenterait cette méthode, ce serait qu'après le pesage effectué comme je l'ai prescrit il n'y aurait pas de division à faire, avantage assez minime en réalité !

*
* *

Le prix d'une eau-de-vie dépend :

de la provenance,

de l'âge,

de l'arôme et de la saveur,

de la limpidité,

de la force réelle (obtenue ordinairement par une correction),

et de la quantité évaluée, soit en poids, soit en volumes.

On voit combien sont nombreuses les choses à considérer dans l'achat ou dans la vente des cognacs.

Je me demande alors : Pourquoi ne tâche-t-on pas de prendre les mesures de comparaison les plus simples et les plus faciles? Pourquoi continue-t-on à employer ici un Borie, là un Tessa, ici un Cartier, là un Baumé, etc., ailleurs enfin un alcoomètre centésimal?

De même, pourquoi ne pas employer exclusivement le *thermomètre centigrade* dans la mesure de la température, mesure nécessaire pour obtenir la force réelle?

Pourquoi acheter avec un instrument et revendre avec un autre qui, les trois quarts du temps, ne lui est pas comparable?

C'est comme si j'allais acheter des étoffes chez M. B*** avec un mètre de 103 centimètres, pour les revendre avec un mètre de 98 centimètres.

De ce qu'il se serait trouvé des gens assez naïfs pour accepter ce marché, serait-ce à dire que j'ai agi avec délicatesse ? D'ailleurs ceux qui emploient le système actuel de dépotage au décalitre sont susceptibles de perdre ou de gagner tour à tour 4 à 8 0/0, selon *les circonstances*. Supprimons donc toutes les causes d'erreur ou de contestation.

*<br>* *

On a sans doute déjà pensé avant moi à cette substitution des poids aux volumes. Je sais même qu'elle se pratique, bien timidement, il est vrai, dans quelques magasins.

Mais faute d'instruments précis et *ad hoc,* faute d'explications nettes et suffisantes, faute d'instruction, on n'a pas cherché à pousser plus loin la question.

J'espère que cette fois, si l'on a voulu se donner la peine de lire attentivement ces quelques pages, il n'y aura plus le moindre doute, la moindre hésitation possible.

Que ceux qui ne seraient pas convaincus, ou qui auraient à me faire des objections autres que celles auxquelles j'ai déjà répondu, veuillent bien me faire l'honneur de me soumettre leurs doutes ou leurs observations. Ce sera avec plaisir que j'y répondrai.

Je me charge enfin de faire comprendre, même aux plus simples, la pratique et les avantages de la méthode que je propose.

*<br>* *

Est-il besoin de dire que les réformes que j'ai exposées ne géneraient nullement les commerçants honnêtes ?

En revanche, elles gêneraient singulièrement ceux qui auraient à redouter, en les adoptant, de voir de grosses finesses dévoilées et rendues impossibles.

*<br>* *

Je ne suis ni négociant, ni industriel, ni constructeur d'instruments de précision. C'est dire que je suis complétement désintéressé à la question de réforme commerciale.

Une idée m'a paru juste : je l ai exprimée et l'ai donnée pour ce qu'elle vaut, ni plus, ni moins.

Qu'on la combatte au nom de la routine et de l'ignorance, et cela me sera parfaitement égal.

Qu'on l'adopte parce qu'elle est juste et pratique, et je me trouverai satisfait.

Dans l'un comme dans l'autre cas, je n'aurai pas plus à perdre qu'à gagner, mon seul et unique but a été d'exprimer des vérités utiles.

Enfin, et pour terminer, j'affirme que si l'on rejette aujourd'hui la méthode des pesées, on l'adoptera dans l'avenir, dans dix ans, dans vingt ans peut-être, parce que c'est la seule *rationnelle*, la seule *équitable*.

FIN

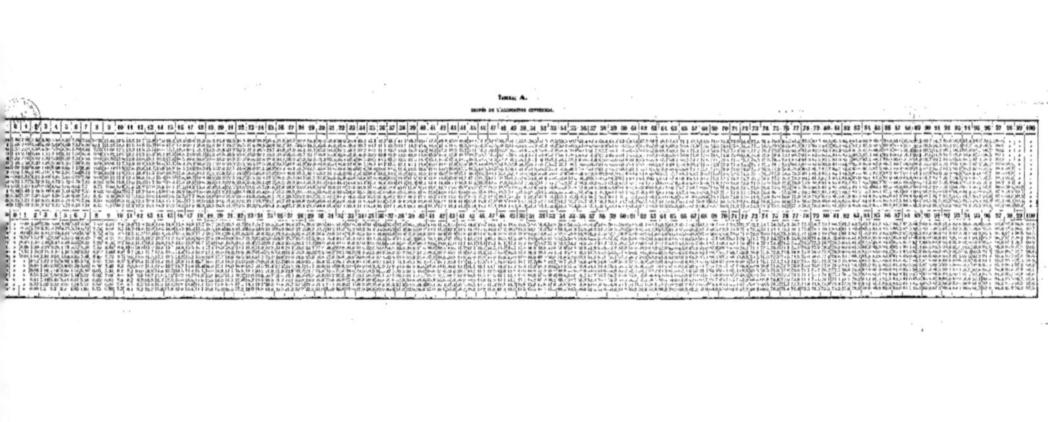

**TABLEAU A.**

DEGRÉS DE L'ALCOOMÈTRE CENTÉSIMAL.

| 0 | 1 | 2 | 3 | 4 | 5 | 6 | 7 | 8 | 9 | 10 | 11 | 12 | 13 | 14 | 15 | 16 | 17 | 18 | 19 | 20 | 21 | 22 | 23 | 24 | 25 | 26 | 27 | 28 | 29 | 30 | 31 | 32 | 33 | 34 | 35 | 36 | 37 | 38 | 39 | 40 | 41 | 42 | 43 | 44 | 45 | 46 | 47 | 48 | 49 | 50 | 51 | 52 | 53 | 54 | 55 | 56 | 57 | 58 | 59 | 60 | 61 | 62 | 63 | 64 | 65 | 66 | 67 | 68 | 69 | 70 | 71 | 72 | 73 | 74 | 75 | 76 | 77 | 78 | 79 | 80 | 81 | 82 | 83 | 84 | 85 | 86 | 87 | 88 | 89 | 90 | 91 | 92 | 93 | 94 | 95 | 96 | 97 | 98 | 99 | 100 |
|---|---|---|---|---|---|---|---|---|---|---|---|---|---|---|---|---|---|---|---|---|---|---|---|---|---|---|---|---|---|---|---|---|---|---|---|---|---|---|---|---|---|---|---|---|---|---|---|---|---|---|---|---|---|---|---|---|---|---|---|---|---|---|---|---|---|---|---|---|---|---|---|---|---|---|---|---|---|---|---|---|---|---|---|---|---|---|---|---|---|---|---|---|---|---|---|---|---|---|---|---|

$$\textsc{Tableau } \mathbf{B} \textsc{ de Correction}$$

*par la formule*

$$F = A + b\,(15 - t.).$$

| A | $b$ | A | $b$ | A | $b$ |
|---|---|---|---|---|---|
| 1 | 0.12 | 34 | 0.41 | 68 | 0.33 |
| 2 | 0.12 | 36 | 0.41 | 70 | 0.33 |
| 4 | 0.12 | 38 | 0.41 | 72 | 0.32 |
| 6 | 0.13 | 40 | 0.40 | 74 | 0.32 |
| 8 | 0.15 | 42 | 0.40 | 76 | 0.31 |
| 10 | 0.17 | 44 | 0.39 | 78 | 0.30 |
| 12 | 0.18 | 46 | 0.39 | 80 | 0.30 |
| 14 | 0.20 | 48 | 0.38 | 82 | 0.29 |
| 16 | 0.23 | 50 | 0.37 | 84 | 0.28 |
| 18 | 0.26 | 52 | 0.37 | 86 | 0.27 |
| 20 | 0.29 | 54 | 0.37 | 88 | 0.26 |
| 22 | 0.32 | 56 | 0.36 | 90 | 0.25 |
| 24 | 0.35 | 58 | 0.36 | 92 | 0.24 |
| 26 | 0.37 | 60 | 0.35 | 94 | 0.23 |
| 28 | 0.39 | 62 | 0.35 | 96 | 0.21 |
| 30 | 0.40 | 64 | 0.34 | 98 | 0.19 |
| 32 | 0.40 | 66 | 0.34 | 100 | 0.17 |

Centési-

# Tableau C.

| Centési-maux. | Cartier. | Poids spécifiques. | Différences. | Centési-maux. | Cartier. | Poids spécifiques. | Différences. | Centési-maux. | Cartier. | Poids spécifiques. | Différences. | Centési-maux. | Cartier. | Poids spécifiques. | Différences. |
|---|---|---|---|---|---|---|---|---|---|---|---|---|---|---|---|
| 0 | 10.03 | 10000 | 15 | 25 | 13.97 | 9711 | 11 | 50 | 19.25 | 9348 | 19 | 75 | 28.43 | 8779 | 27 |
| 1 | 10.23 | 9985 | 15 | 26 | 14.12 | 9700 | 10 | 51 | 19.54 | 9329 | 20 | 76 | 28.88 | 8752 | 26 |
| 2 | 10.43 | 9970 | 14 | 27 | 14.26 | 9690 | 11 | 52 | 19.85 | 9309 | 20 | 77 | 29.34 | 8726 | 27 |
| 3 | 10.62 | 9956 | 14 | 28 | 14.42 | 9679 | 11 | 53 | 20.15 | 9289 | 21 | 78 | 29.81 | 8699 | 28 |
| 4 | 10.80 | 9942 | 13 | 29 | 14.57 | 9668 | 11 | 54 | 20.47 | 9268 | 20 | 79 | 30.29 | 8671 | 26 |
| 5 | 10.97 | 9929 | 14 | 30 | 14.73 | 9657 | 12 | 55 | 20.79 | 9248 | 21 | 80 | 30.76 | 8645 | 28 |
| 6 | 11.16 | 9915 | 12 | 31 | 14.90 | 9645 | 12 | 56 | 21.11 | 9227 | 21 | 81 | 31.26 | 8617 | 28 |
| 7 | 11.33 | 9903 | 12 | 32 | 15.07 | 9633 | 12 | 57 | 21.43 | 9206 | 21 | 82 | 31.76 | 8589 | 29 |
| 8 | 11.40 | 9891 | 13 | 33 | 15.24 | 9621 | 13 | 58 | 21.76 | 9185 | 21 | 83 | 32.28 | 8560 | 29 |
| 9 | 11.60 | 9878 | 12 | 34 | 15.43 | 9608 | 14 | 59 | 22.10 | 9164 | 21 | 84 | 32.80 | 8531 | 29 |
| 10 | 11.82 | 9866 | 11 | 35 | 15.63 | 9594 | 14 | 60 | 22.46 | 9141 | 23 | 85 | 33.33 | 8502 | 30 |
| 11 | 11.98 | 9855 | 12 | 36 | 15.83 | 9580 | 13 | 61 | 22.82 | 9118 | 23 | 86 | 33.88 | 8472 | 30 |
| 12 | 12.14 | 9843 | 10 | 37 | 16.02 | 9567 | 14 | 62 | 23.18 | 9096 | 22 | 87 | 34.43 | 8442 | 31 |
| 13 | 12.28 | 9833 | 11 | 38 | 16.22 | 9553 | 14 | 63 | 23.55 | 9072 | 24 | 88 | 35.01 | 8411 | 32 |
| 14 | 12.43 | 9822 | 10 | 39 | 16.43 | 9539 | 16 | 64 | 23.92 | 9049 | 23 | 89 | 35.62 | 8379 | 33 |
| 15 | 12.57 | 9812 | 10 | 40 | 16.66 | 9523 | 15 | 65 | 24.29 | 9027 | 22 | 90 | 36.24 | 8346 | 34 |
| 16 | 12.70 | 9802 | 10 | 41 | 16.88 | 9508 | 17 | 66 | 24.67 | 9003 | 24 | 91 | 36.89 | 8312 | 35 |
| 17 | 12.84 | 9792 | 10 | 42 | 17.12 | 9491 | 17 | 67 | 25.05 | 8980 | 23 | 92 | 37.55 | 8277 | 36 |
| 18 | 12.97 | 9782 | 9 | 43 | 17.37 | 9474 | 17 | 68 | 25.45 | 8956 | 24 | 93 | 38.24 | 8241 | 36 |
| 19 | 13.10 | 9773 | 11 | 44 | 17.62 | 9457 | 17 | 69 | 25.85 | 8931 | 25 | 94 | 38.95 | 8205 | 38 |
| 20 | 13.25 | 9762 | 9 | 45 | 17.88 | 9440 | 18 | 70 | 26.26 | 8907 | 24 | 95 | 39.70 | 8167 | 39 |
| 21 | 13.38 | 9753 | 11 | 46 | 18.14 | 9422 | 19 | 71 | 26.68 | 8882 | 25 | 96 | 40.49 | 8128 | 42 |
| 22 | 13.52 | 9742 | 10 | 47 | 18.42 | 9403 | 18 | 72 | 27.11 | 8856 | 26 | 97 | 41.33 | 8086 | 45 |
| 23 | 13.67 | 9732 | 11 | 48 | 18.69 | 9385 | 18 | 73 | 27.54 | 8831 | 25 | 98 | 42.25 | 8041 | 46 |
| 24 | 13.83 | 9721 | 10 | 49 | 18.97 | 9367 | 19 | 74 | 27.98 | 8805 | 26 | 99 | 43.19 | 7995 | 48 |
| | | | | | | | | | | | | 100 | 44.19 | 7947 | |

## TABLEAU D.

| DEGRÉS centésimaux. | DENSITÉS. | DIFFÉRENCES. | DEGRÉS centésimaux. | DENSITÉS. | DIFFÉRENCES. | DEGRÉS centésimaux. | DENSITÉS. | DIFFÉRENCES. | DEGRÉS centésimaux. | DENSITÉS. | DIFFÉRENCES. |
|---|---|---|---|---|---|---|---|---|---|---|---|
| 0 | 10000 |  | 25 | 9713 |  | 50 | 9348 |  | 75 | 8780 |  |
| 1 | 9985 | 15 | 26 | 9702 | 11 | 51 | 9329 | 19 | 76 | 8753 | 27 |
| 2 | 9970 | 15 | 27 | 9691 | 11 | 52 | 9309 | 20 | 77 | 8726 | 27 |
| 3 | 9956 | 14 | 28 | 9680 | 11 | 53 | 9289 | 20 | 78 | 8699 | 27 |
| 4 | 9942 | 14 | 29 | 9669 | 11 | 54 | 9269 | 20 | 79 | 8672 | 27 |
|  |  | 14 |  |  | 12 |  |  | 20 |  |  | 28 |
| 5 | 9928 | 13 | 30 | 9657 | 12 | 55 | 9249 | 21 | 80 | 8644 | 28 |
| 6 | 9915 | 13 | 31 | 9645 | 12 | 56 | 9228 | 21 | 81 | 8616 | 28 |
| 7 | 9902 | 12 | 32 | 9633 | 12 | 57 | 9207 | 22 | 82 | 8588 | 29 |
| 8 | 9890 | 12 | 33 | 9621 | 12 | 58 | 9185 | 22 | 83 | 8559 | 29 |
| 9 | 9878 | 12 | 34 | 9608 | 13 | 59 | 9163 | 22 | 84 | 8530 | 29 |
|  |  | 12 |  |  | 13 |  |  | 22 |  |  | 29 |
| 10 | 9866 | 11 | 35 | 9595 | 13 | 60 | 9141 | 23 | 85 | 8501 | 30 |
| 11 | 9855 | 11 | 36 | 9582 | 14 | 61 | 9118 | 23 | 86 | 8471 | 30 |
| 12 | 9844 | 11 | 37 | 9568 | 14 | 62 | 9095 | 23 | 87 | 8441 | 31 |
| 13 | 9833 | 11 | 38 | 9554 | 15 | 63 | 9072 | 23 | 88 | 8410 | 31 |
| 14 | 9822 | 10 | 39 | 9539 | 15 | 64 | 9049 | 23 | 89 | 8373 | 32 |
| 15 | 9812 | 10 | 40 | 9524 | 16 | 65 | 9026 | 23 | 90 | 8346 | 33 |
| 16 | 9802 | 10 | 41 | 9508 | 16 | 66 | 9003 | 23 | 91 | 8313 | 34 |
| 17 | 9792 | 10 | 42 | 9492 | 17 | 67 | 8980 | 24 | 92 | 8279 | 35 |
| 18 | 9782 | 9 | 43 | 9475 | 17 | 68 | 8956 | 24 | 93 | 8244 | 37 |
| 19 | 9773 | 9 | 44 | 9458 | 17 | 69 | 8932 | 24 | 94 | 8207 | 38 |
| 20 | 9764 | 10 | 45 | 9441 | 18 | 70 | 8908 | 25 | 95 | 8169 | 39 |
| 21 | 9754 | 10 | 46 | 9423 | 18 | 71 | 8883 | 25 | 96 | 8130 | 41 |
| 22 | 9744 | 10 | 47 | 9405 | 19 | 72 | 8858 | 26 | 97 | 8089 | 44 |
| 23 | 9734 | 10 | 48 | 9386 | 19 | 73 | 8832 | 26 | 98 | 8045 | 47 |
| 24 | 9724 | 11 | 49 | 9367 | 19 | 74 | 8806 | 26 | 99 | 7998 | 51 |
|  |  |  |  |  |  |  |  |  | 100 | 7947 |  |

Planche I.

Figure démonstrative de l'inexactitude des tables actuelles de
Concordance entre l'aréomètre de Tessa & l'alcoomètre Centésimal
(Cotes relevées sur le Manuel de Mr RATIER)
Cette ligne brisée représente, en Centièmes de degré Centésimal, les valeurs de chaque huitième de degré Tessa (de −1° à + 17° Tessa, ou de 42° à 92° C.)
α, β, γ, δ, est la ligne de concordance probable
α
β
γ
δ
Degrés de Tessa.
LITH ROUX del _ Cognac
A. BERNARD direxit

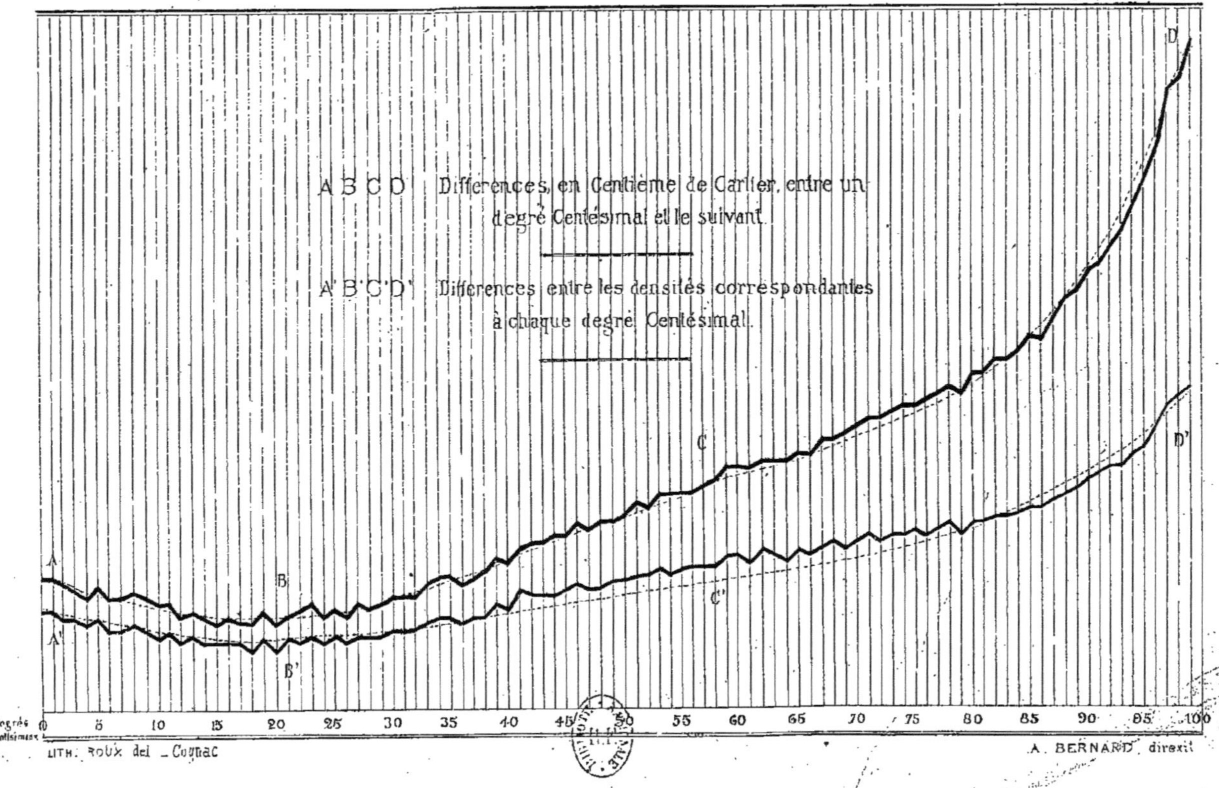

Planche II
A B C D   Differences, en Centième de Cartier, entre un degré Centésimal et le suivant.
A' B' C' D'   Differences entre les densités correspondantes à chaque degré Centésimal.
Degrés Centésimaux
0 5 10 15 20 25 30 35 40 45 50 55 60 65 70 75 80 85 90 95 100
LITH. ROUX del _ Cognac
A. BERNARD direxit

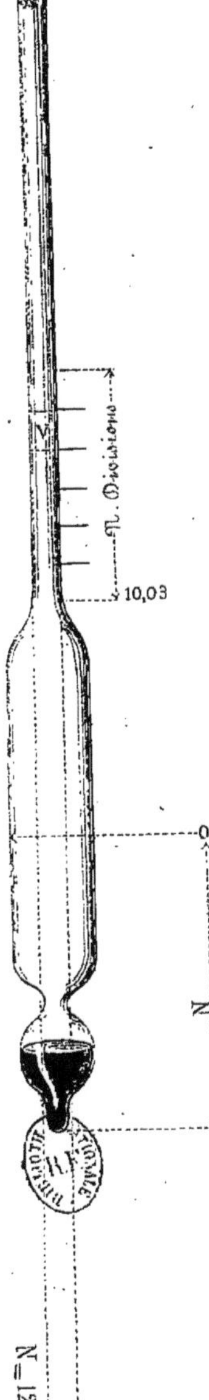




A.BERNARD direxit